Milet Publishing
Smallfields Cottage, Cox Green
Rudgwick, Horsham, West Sussex
RH12 3DE England
info@milet.com
www.milet.com
www.milet.co.uk

First English–Polish edition published by Milet Publishing in 2013

ISBN 978 1 84059 780 6

Original Turkish text written by Erdem Seçmen
Translated to English by Alvin Parmar and adapted by Milet

Illustrated by Chris Dittopoulos
Designed by Christangelos Seferiadis

Printed and bound in Turkey by Ertem Matbaası

My Bilingual Book

Hearing
Zmysł słuchu

English–Polish

Our ears are like our radar

Uszy są jak radar, co pozwala

for hearing sounds from far.

dobrze słyszeć dźwięki z dala.

Our ears delight in hearing shouts of glee.

Okrzyki radości sprawiają uszom frajdę niezmierną.

I am happy for you, and you are happy for me.

Ja cieszę się z Tobą, Ty cieszysz się ze mną.

Do you hear that buzz? Oh no . . .

Słyszycie to brzęczenie, dzieci?

It's a mosquito!

O, nie – to komar leci!

The sweet voice of my mother

Głos mojej mamy, jak wiecie

is a sound like no other.

jest najpiękniejszy na świecie.

Hearing is a very sensitive sense.

Słuch jest bardzo czuły: ja słyszę

We hear sounds and also silence.

zarówno dźwięki, jak i ciszę.

When there's too much noise,

Gdy wokół panuje hałas,

it's hard to hear one voice.

Trudno usłyszeć osobę, która jest obok nas.

I hear the sound of propellers, so I know

Słyszę dźwięk śmigła całkiem blisko,

it's a traffic helicopter, flying low.

już wiem – helikopter leci na lotnisko.

If we could listen to music all day long,

Gdyby muzyki można było słuchać cały dzień,

we would learn the words to every song!

słowa wszystkich piosenek znałby nawet leń!

Our ears are for hearing what's around us,

Uszami usłyszysz świat wokół ciebie,

and also for listening to what's inside us.

a także możesz nimi wsłuchać się w siebie.

Morning brings a happy noise,

Poranek przynosi odgłosy radości,

the sound of birds chirping, singing their joys!

to ptaki śpiewają o miłości!